CHUCHULITO

Libro de Colorear inspirado en el Payaso Chuchulito, nada común y muy divertido con su nariz verde y su vestimenta verde y naranja. personalidad infantil en Cuba, a trabajado en varios programas televisivos y actuado en muchos teatros y comunidades, lo que mas le gusta es hacer reír a los niños. Si quieres aprender más sobre él, pídele a tu familia que te ayude a buscarlo en su página oficial de Facebook o en YouTube.

Book of Coloring inspired in the Clown Chuchulito, nothing common and very funny with his green nose and his green and orange clothes. Childish personality in Cuba, he has worked in several television programs and acted in many theaters and communities, what he likes the most is to make the children laugh.
If you want to learn more about him, ask your family to help you find him on their official Facebook page or YouTube.

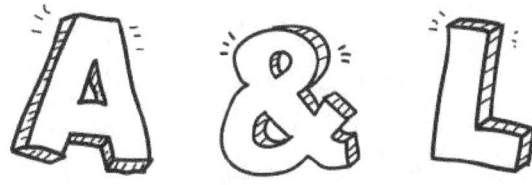

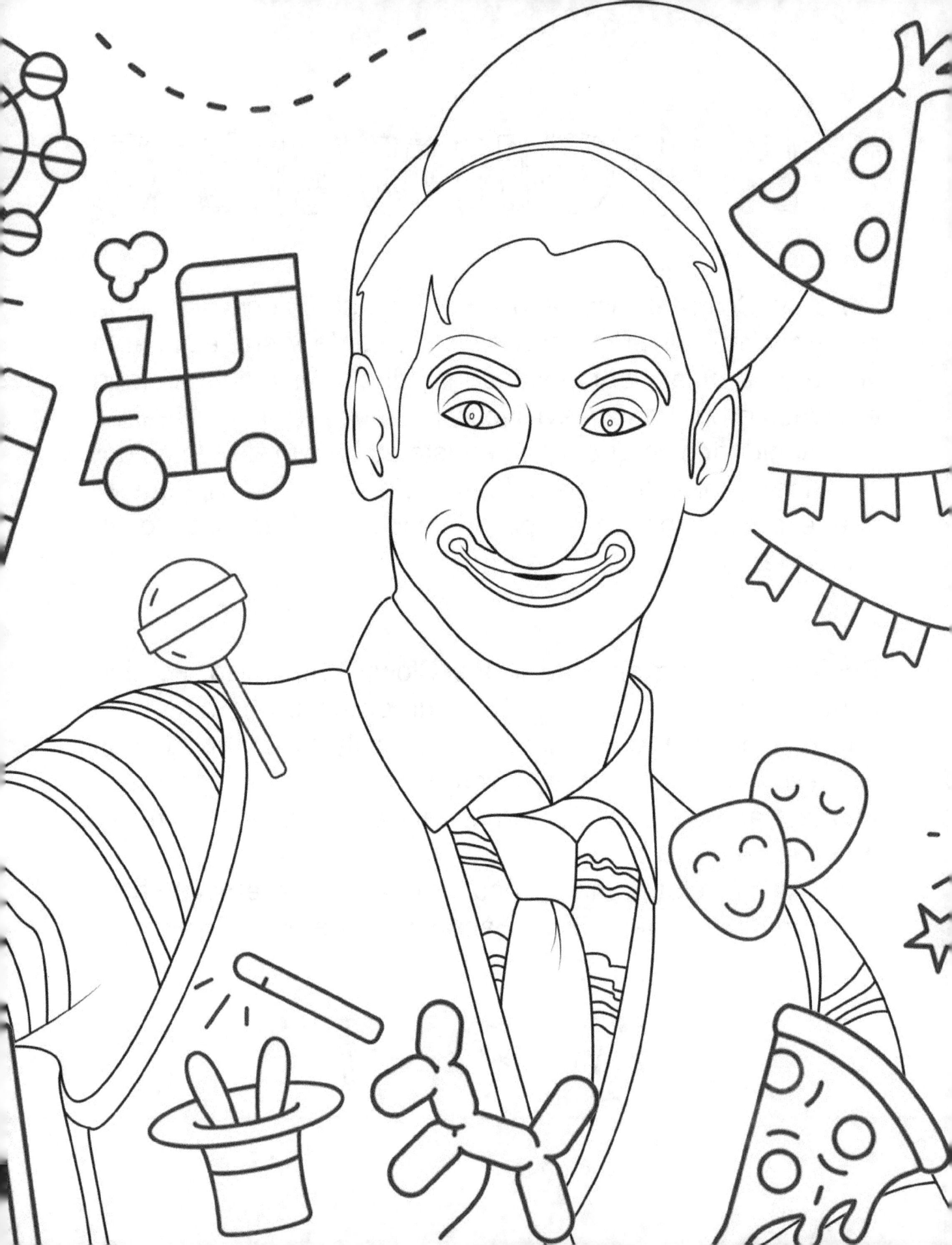

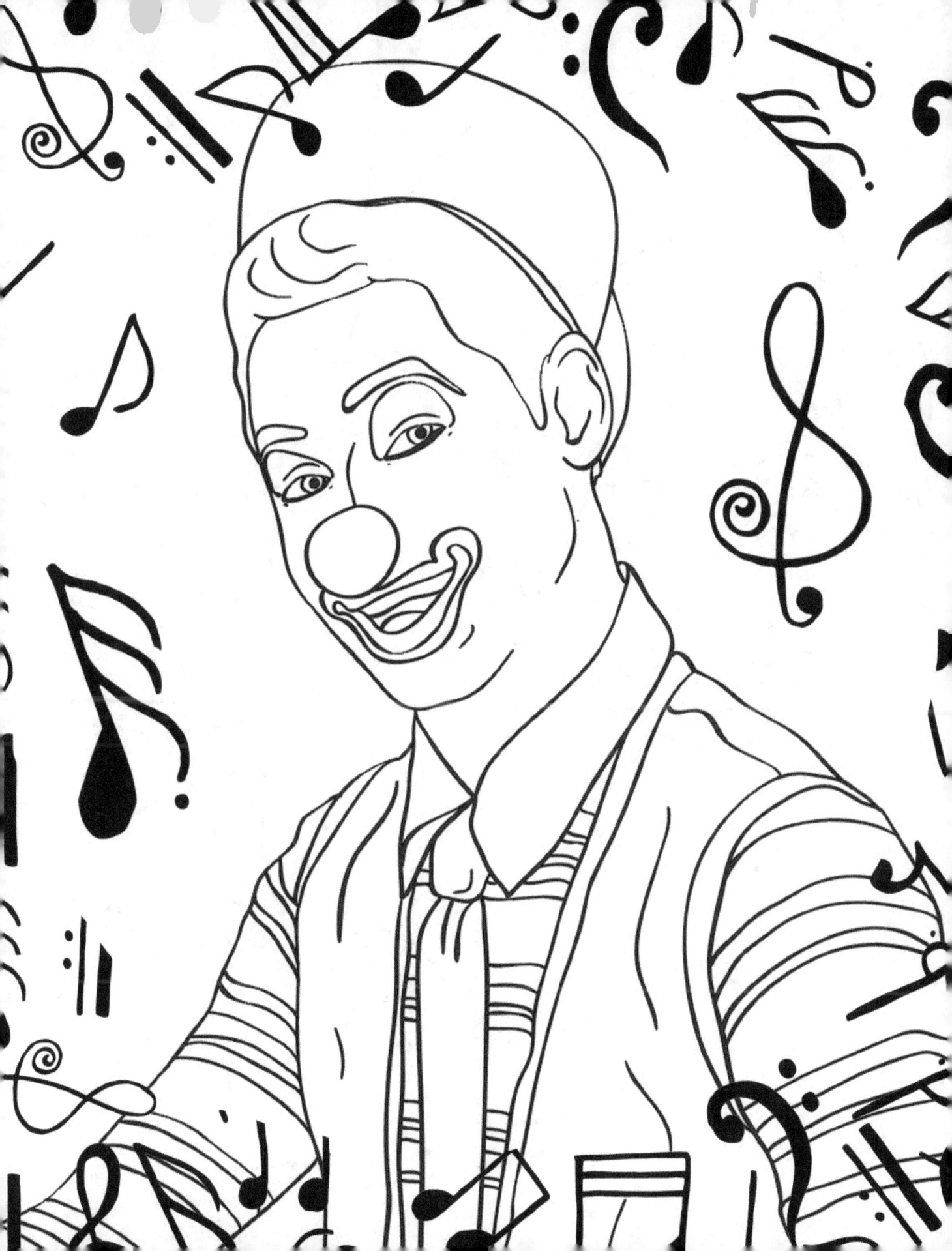

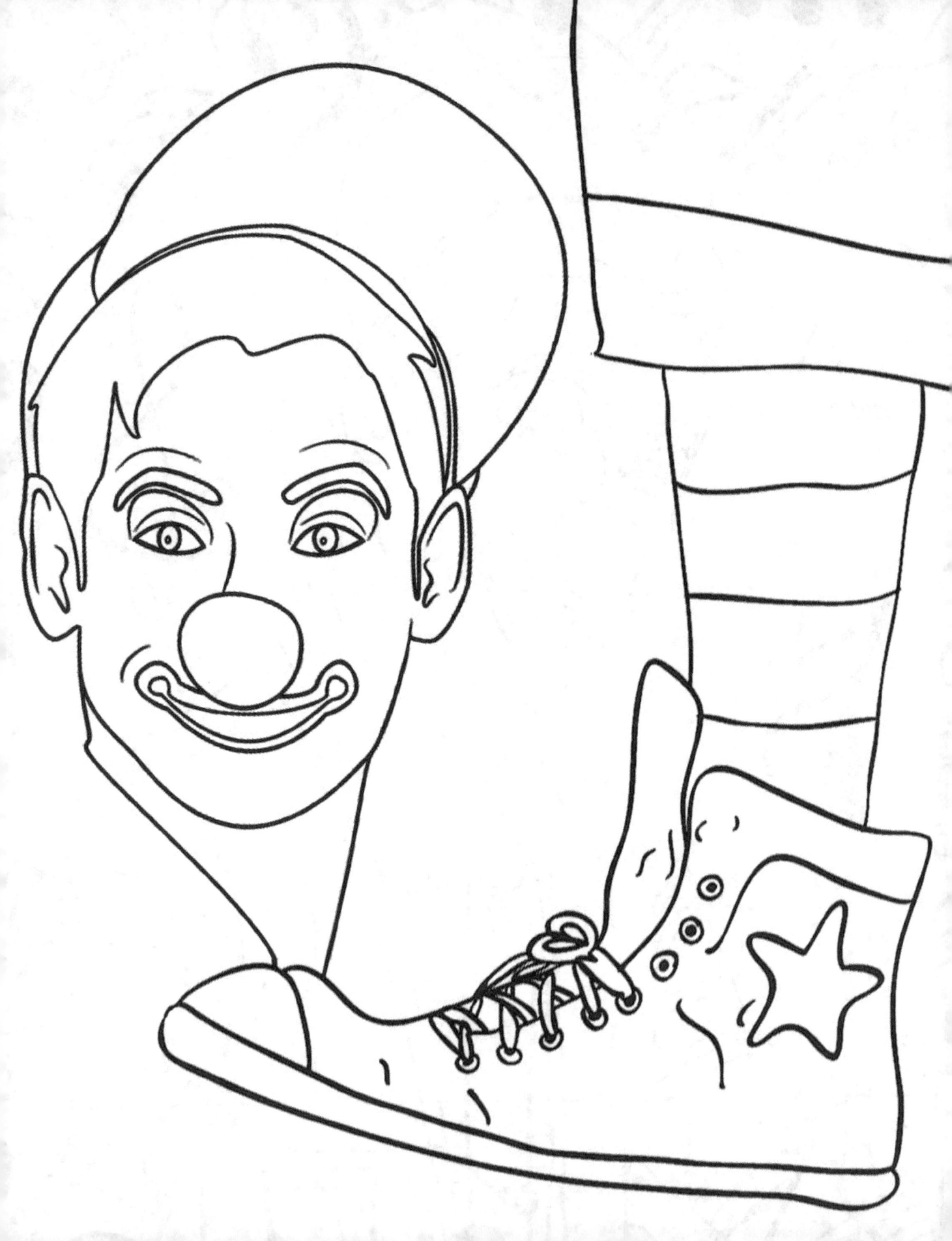

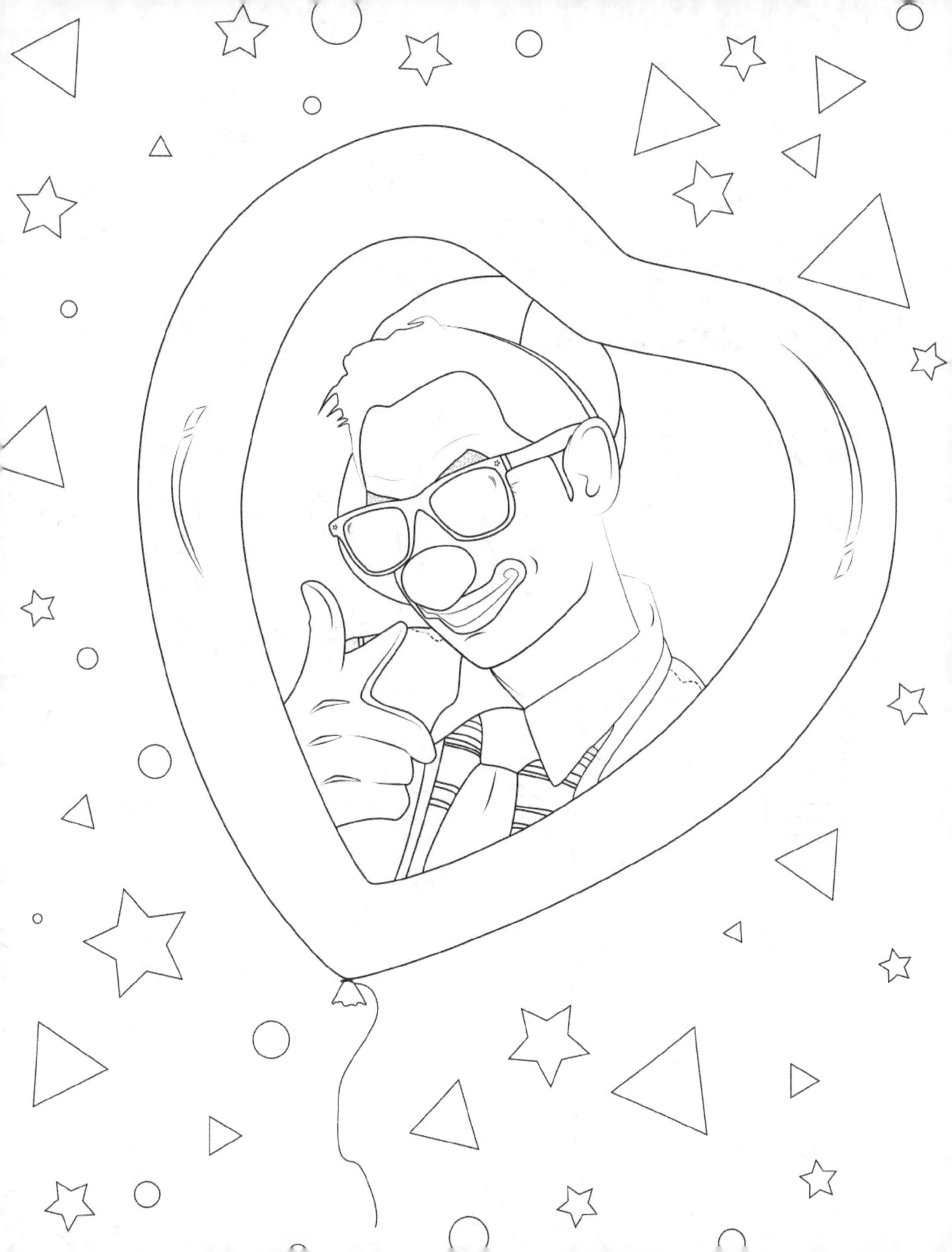

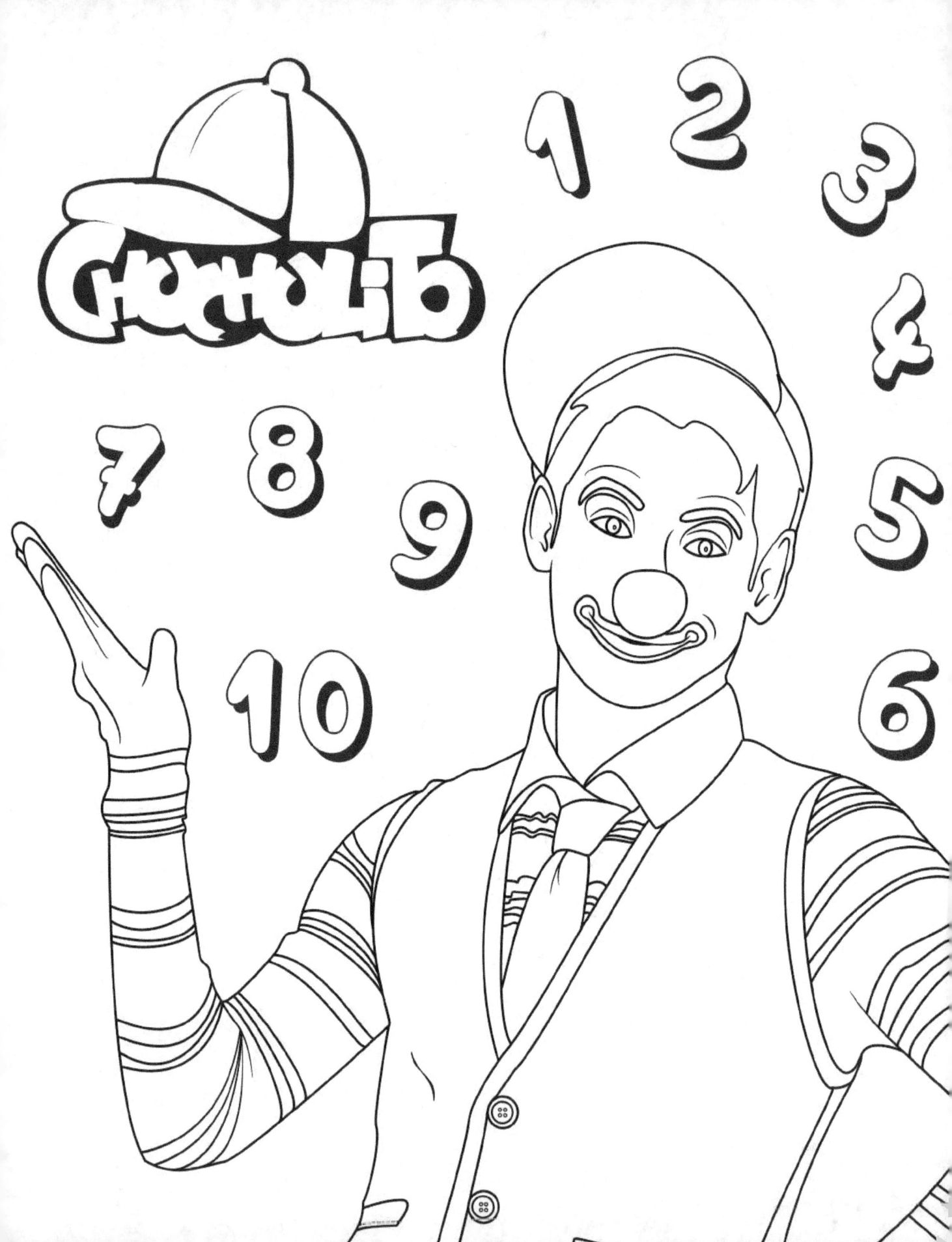

VIVE LA FANTASIA

LIVE YOUR FANTASY

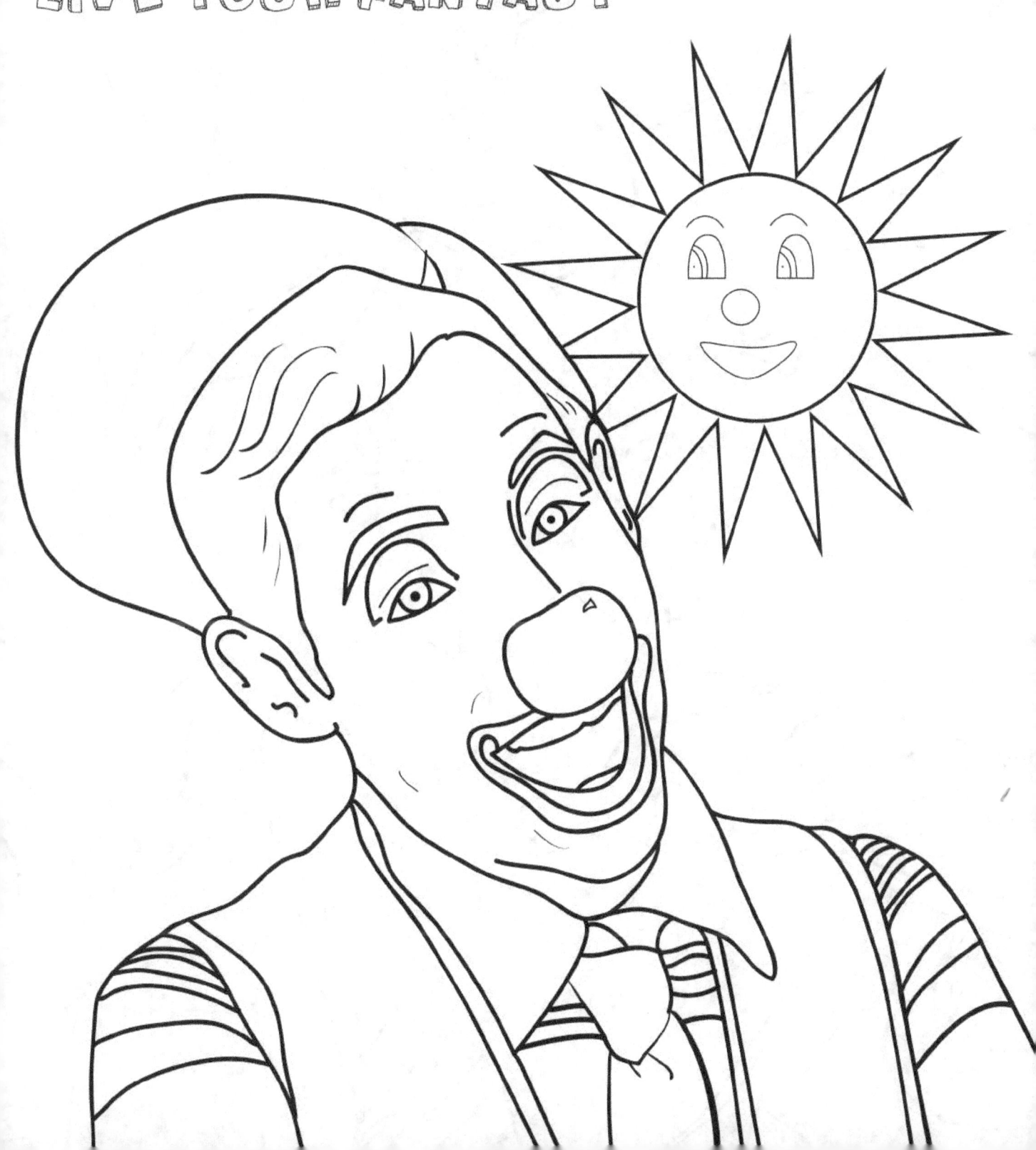

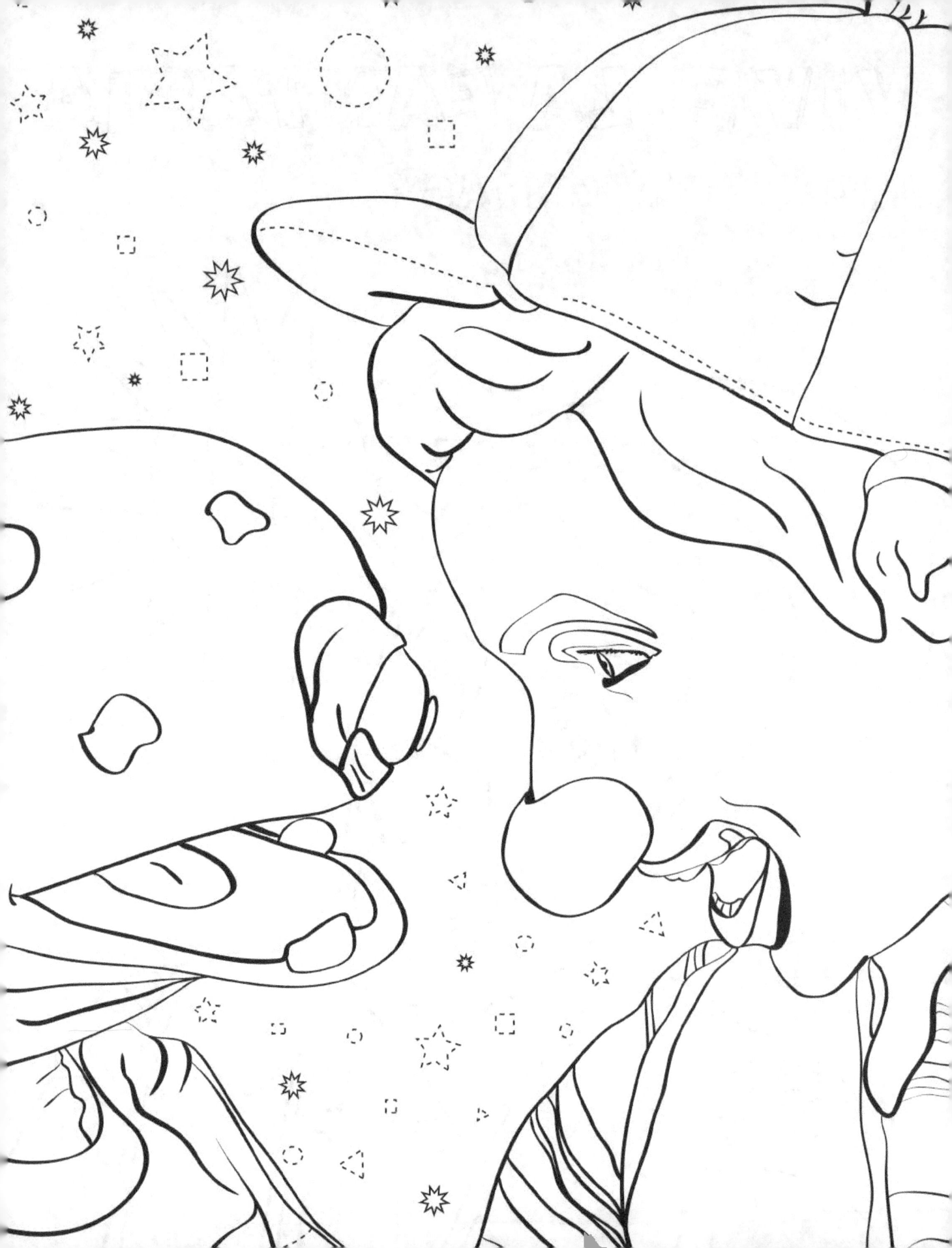

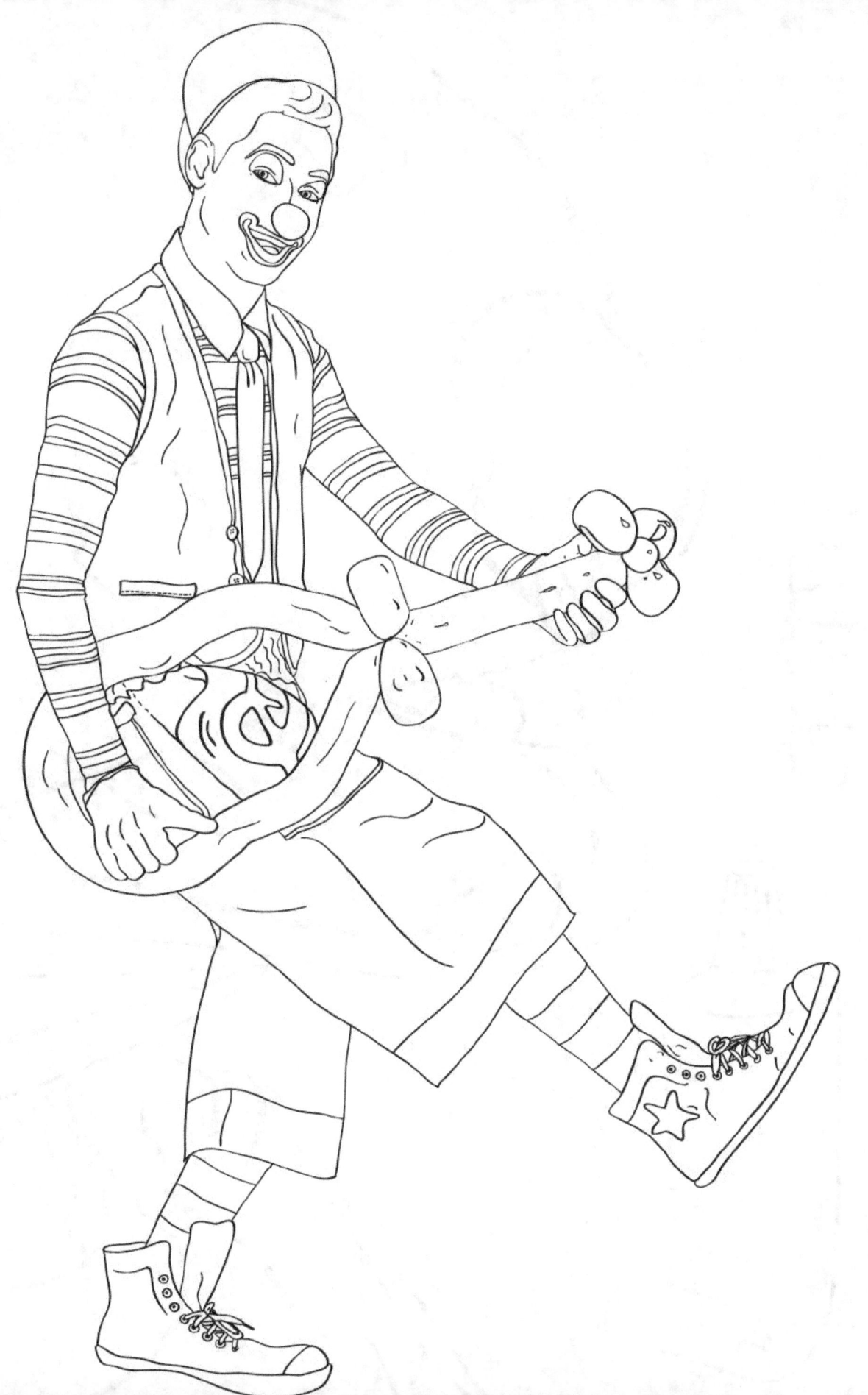

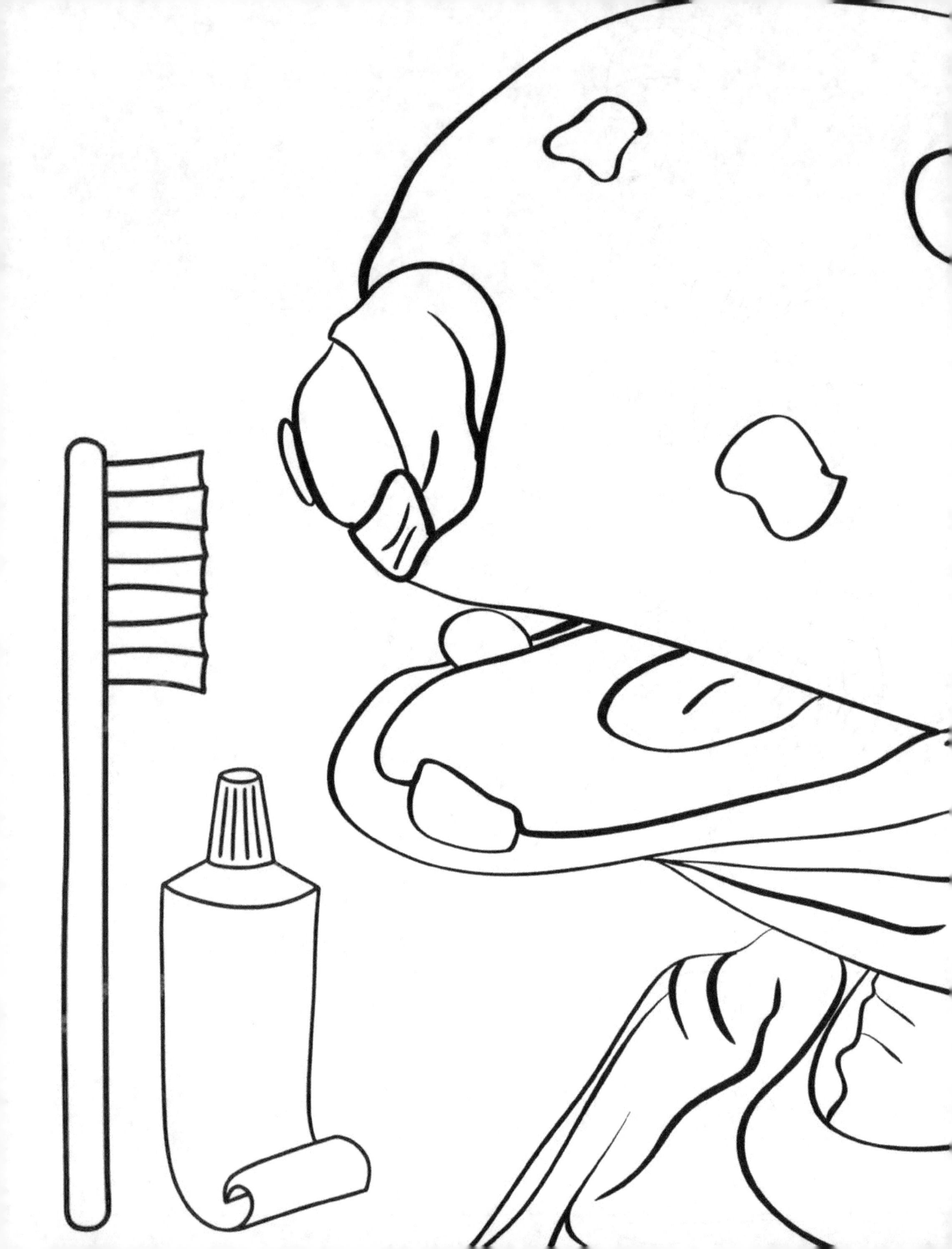

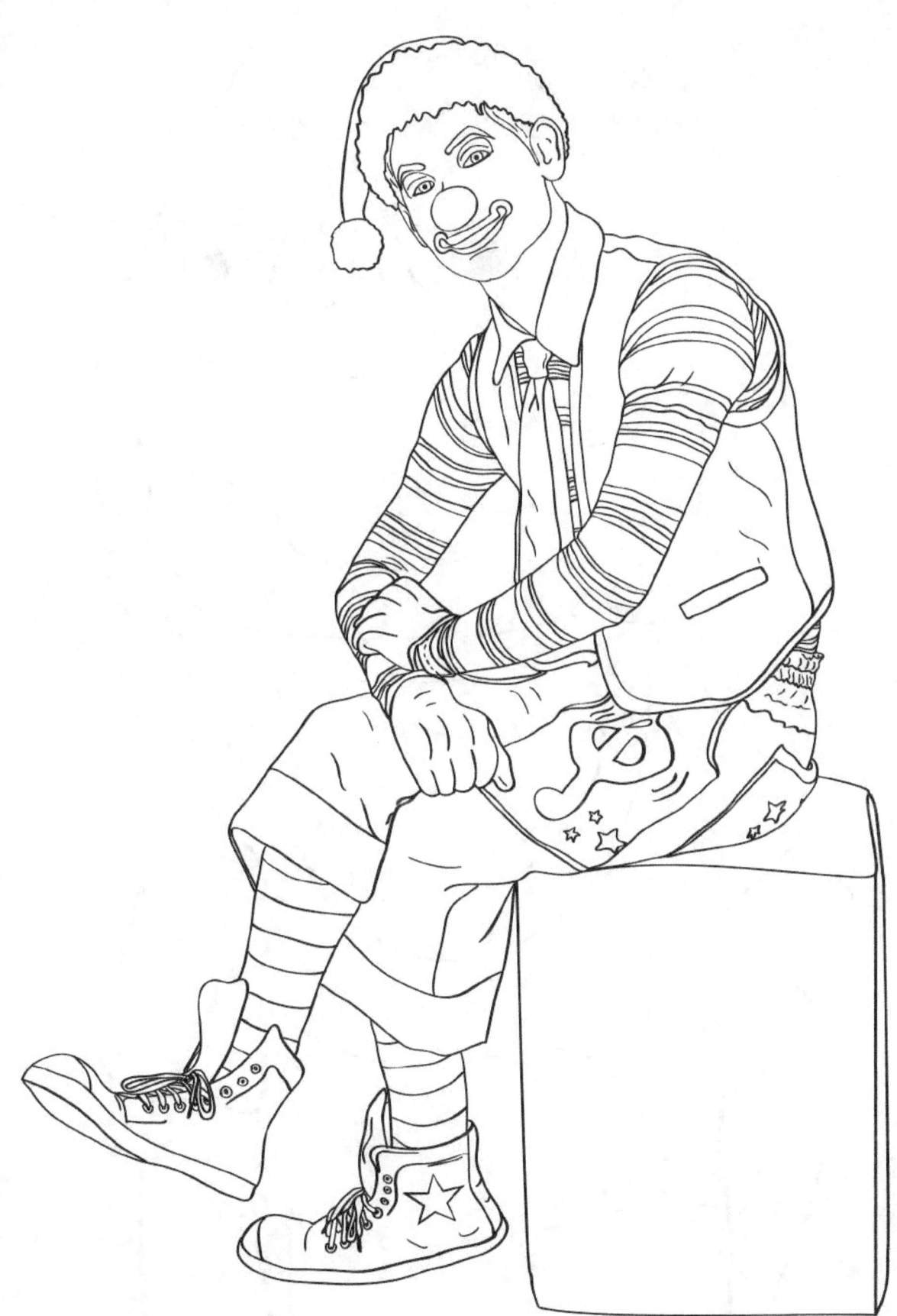

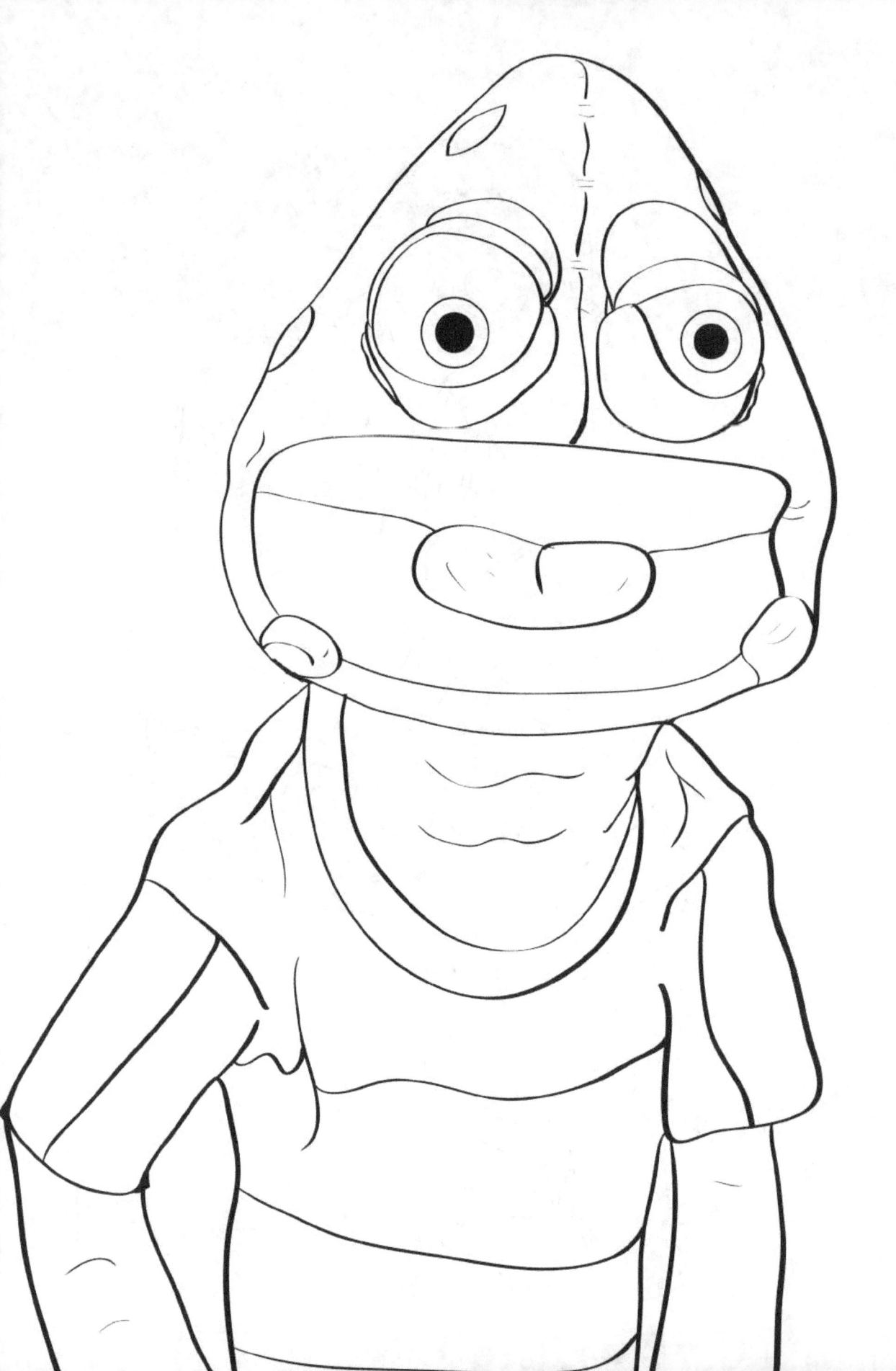

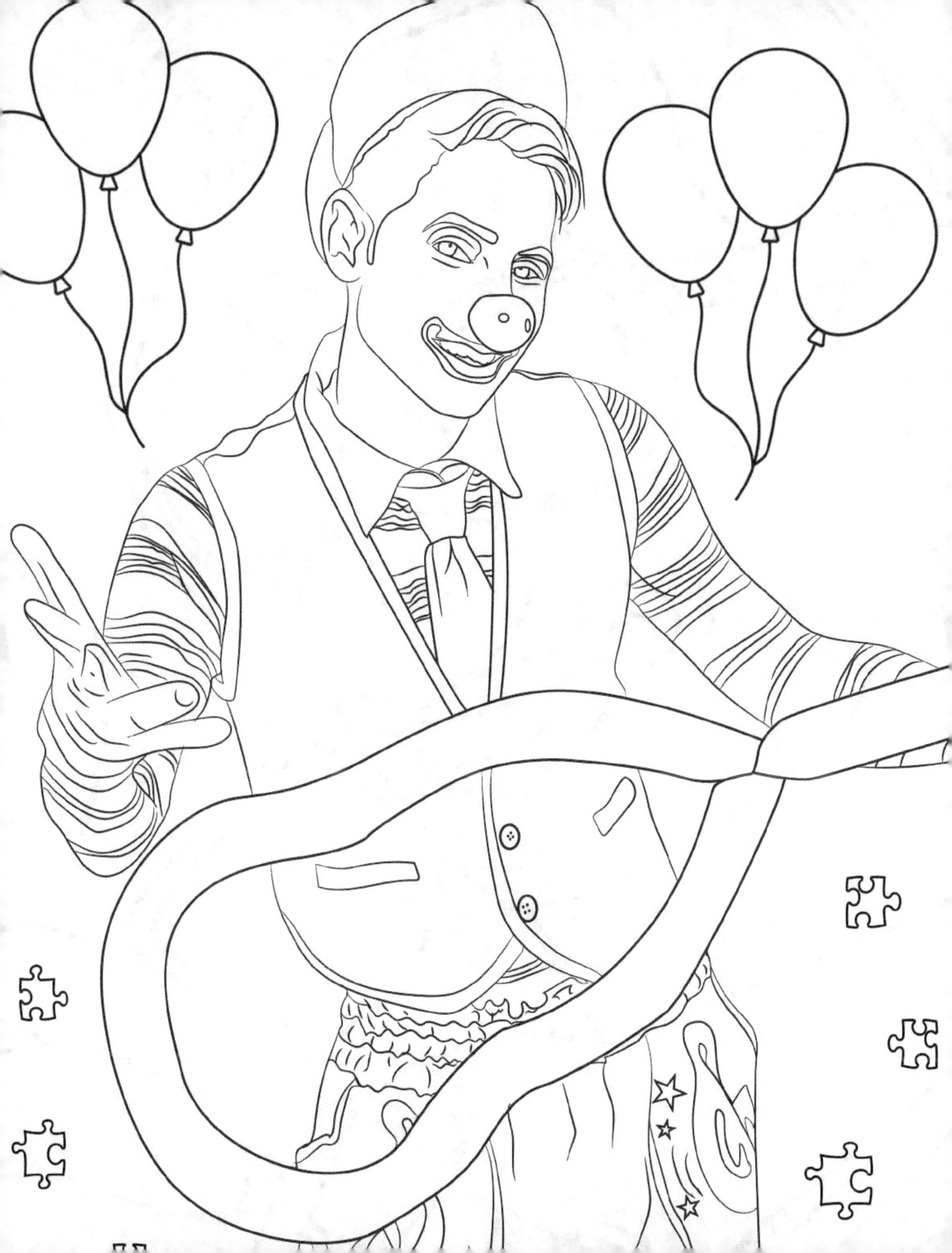

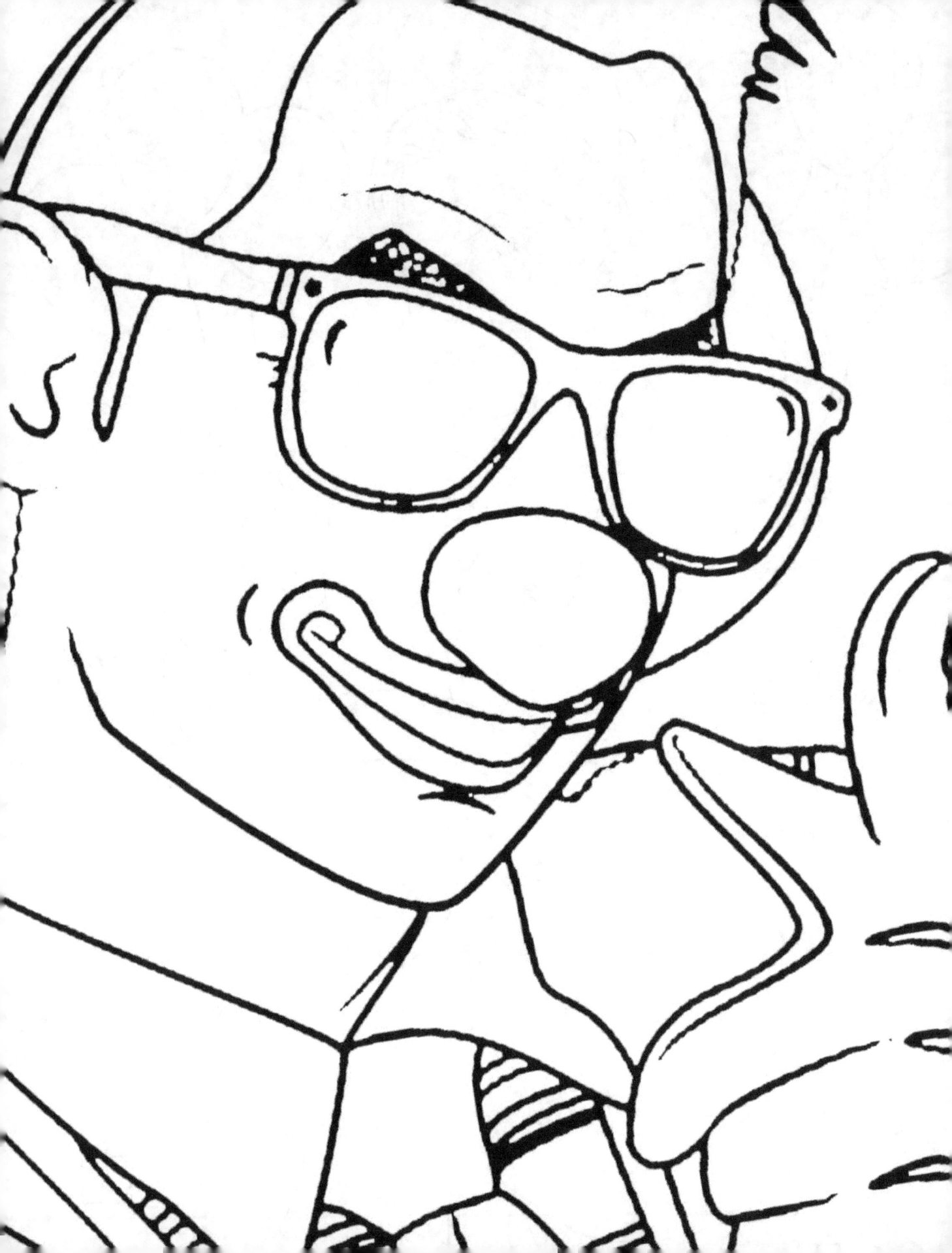

CHUCHULITO

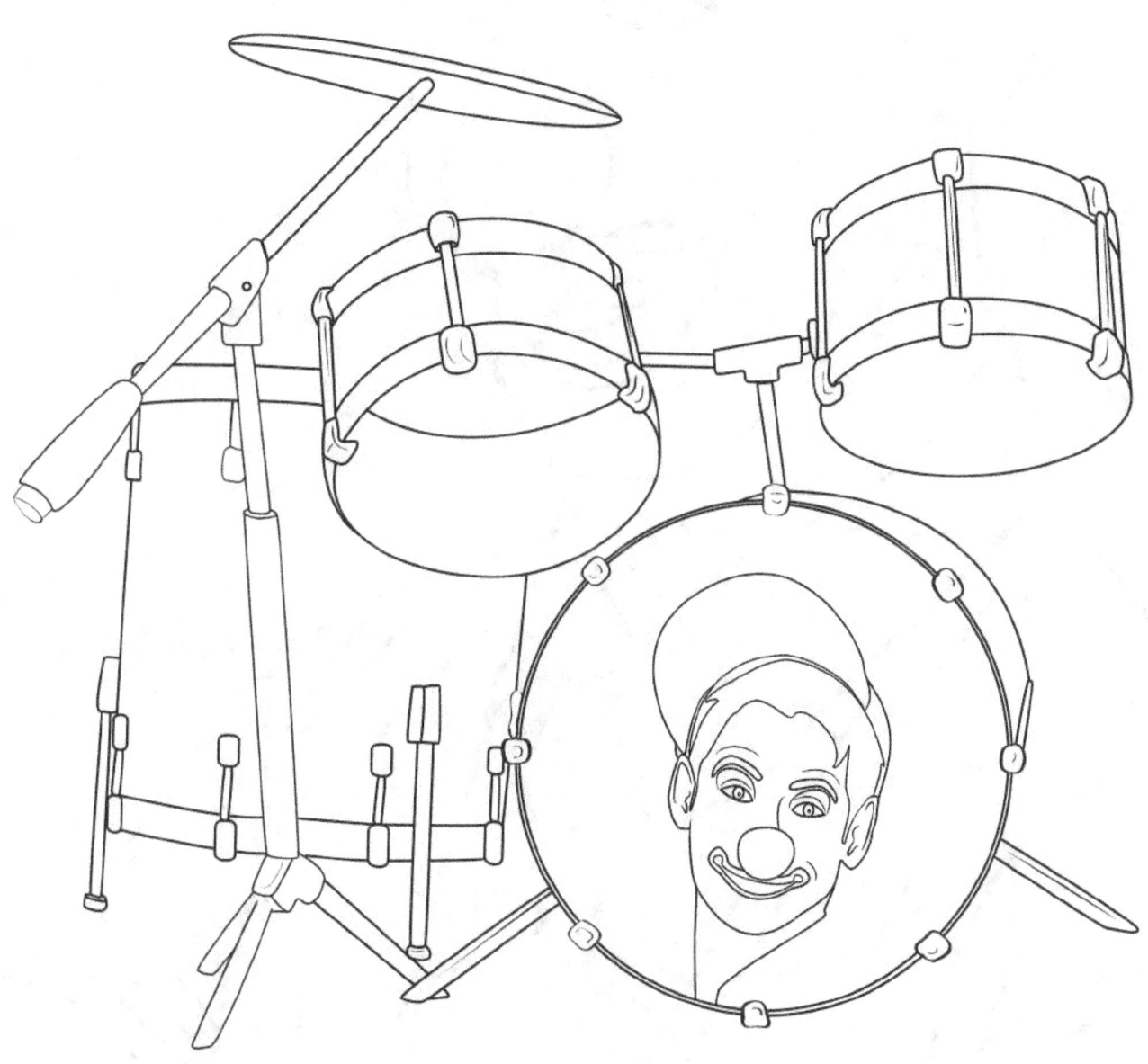

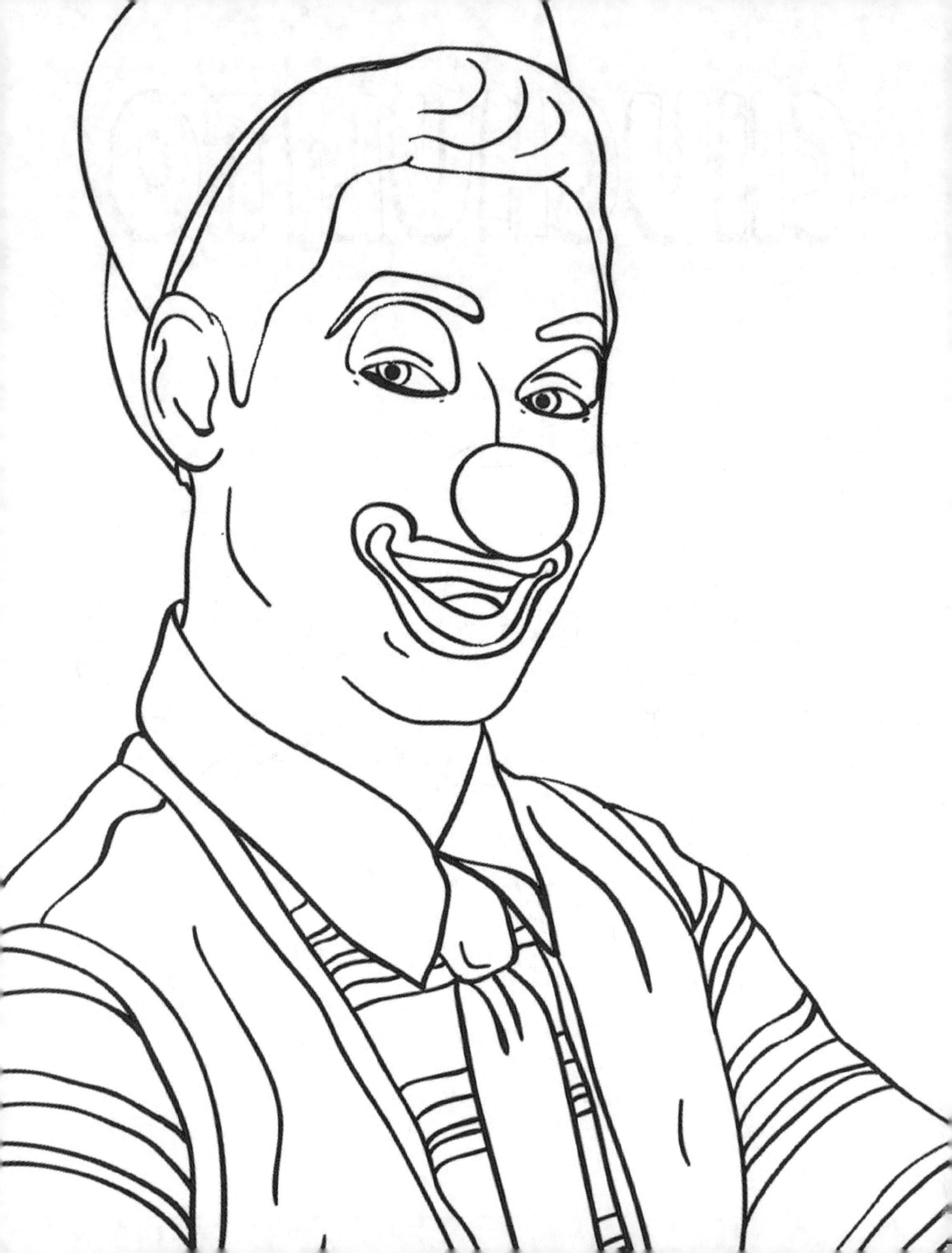

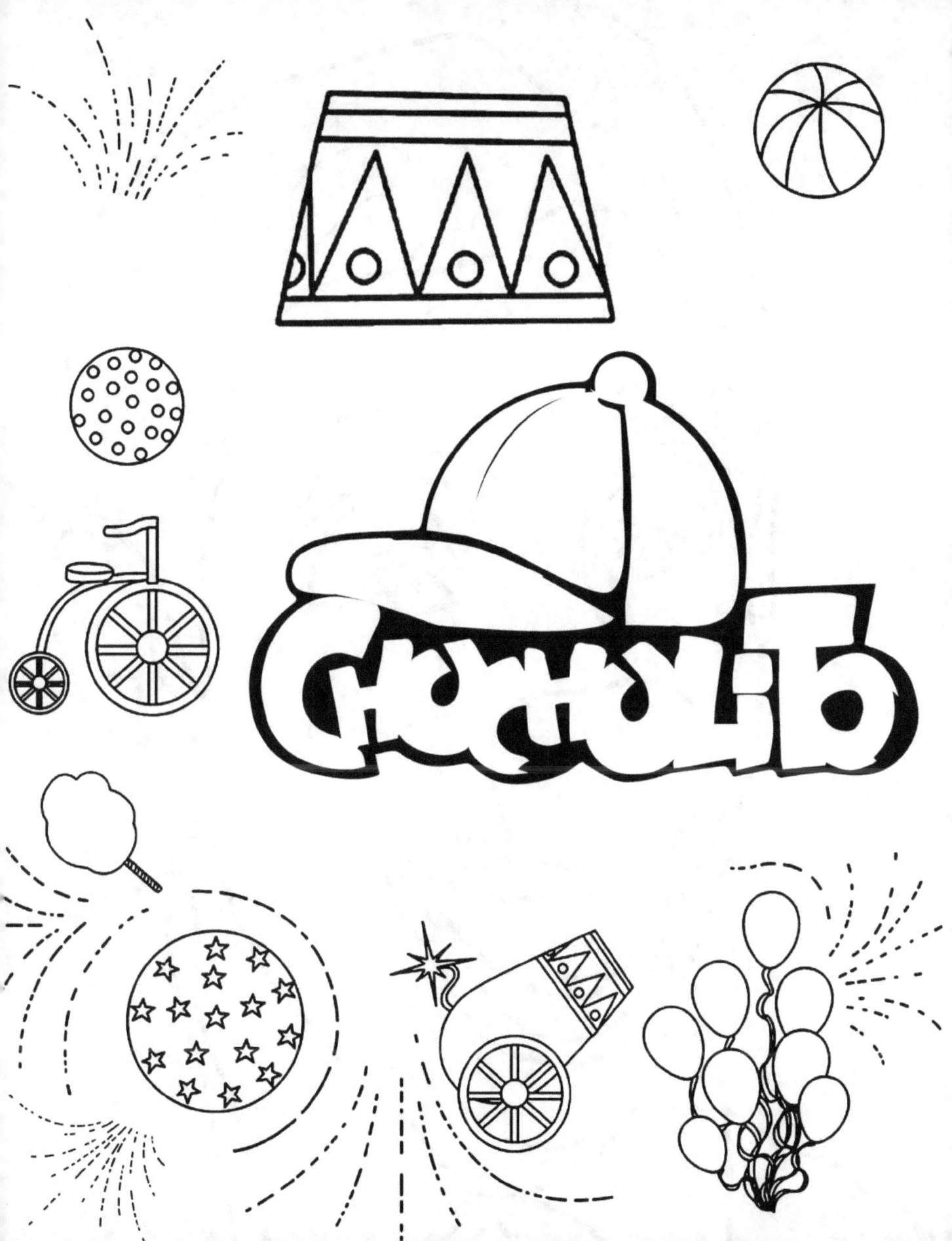

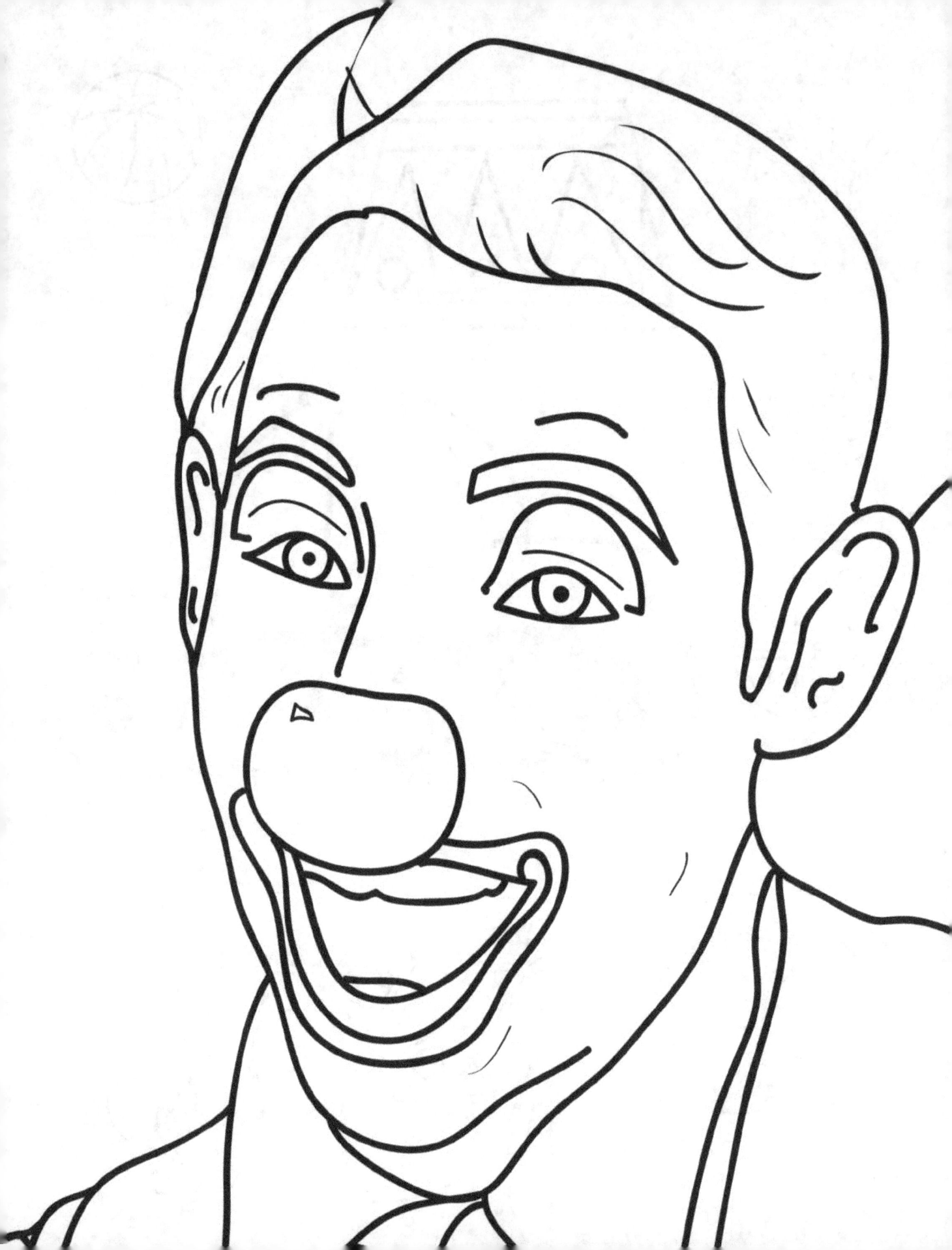

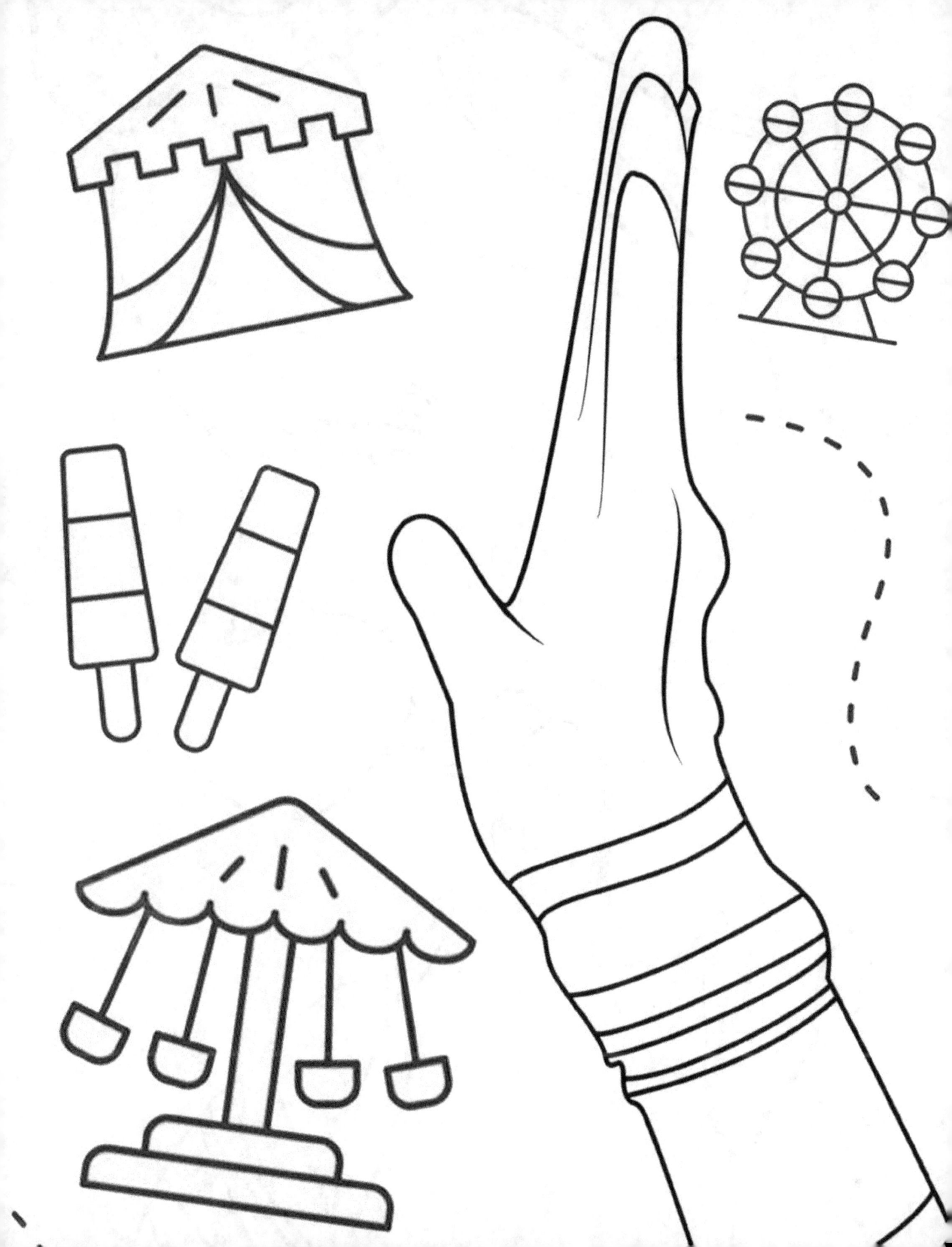

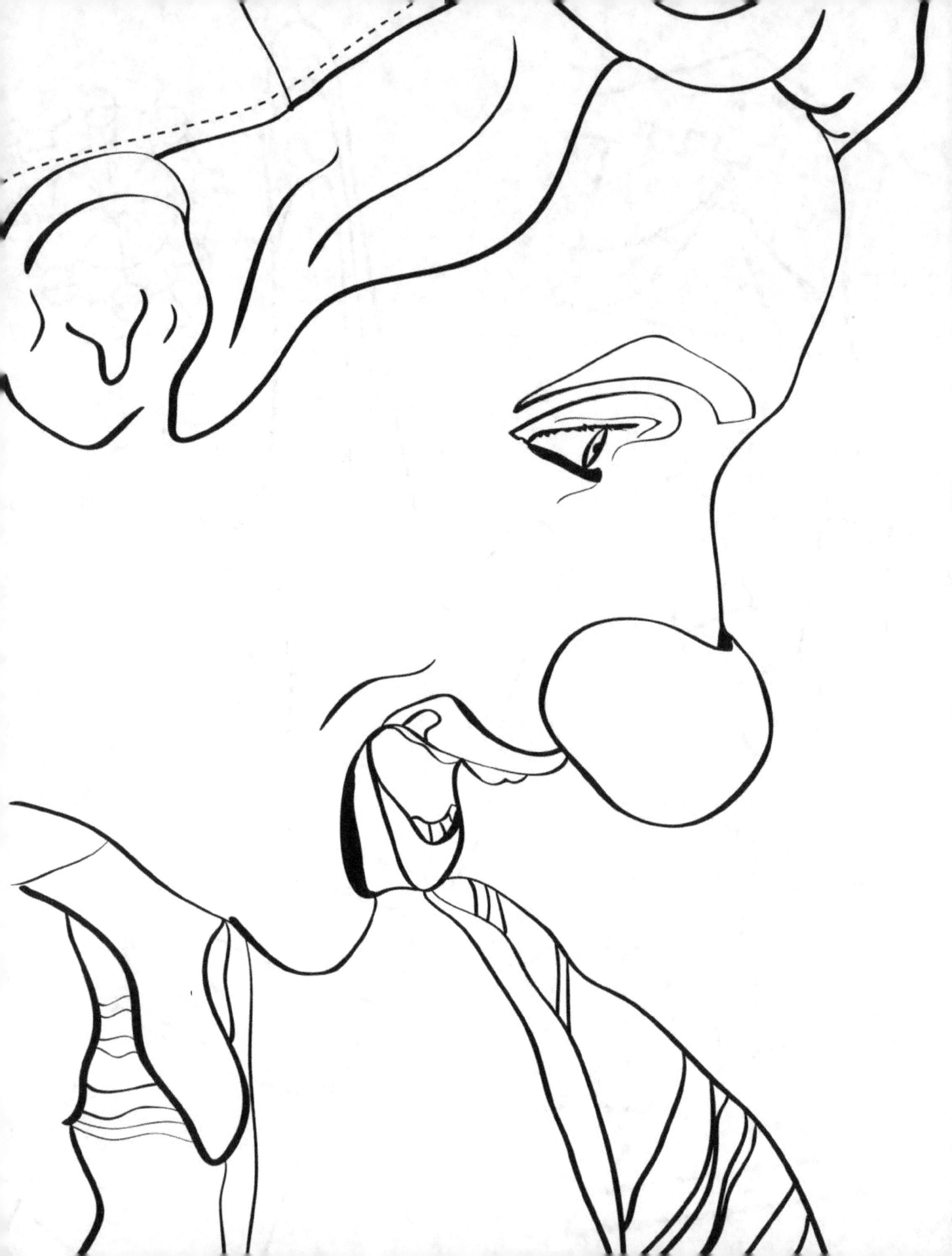

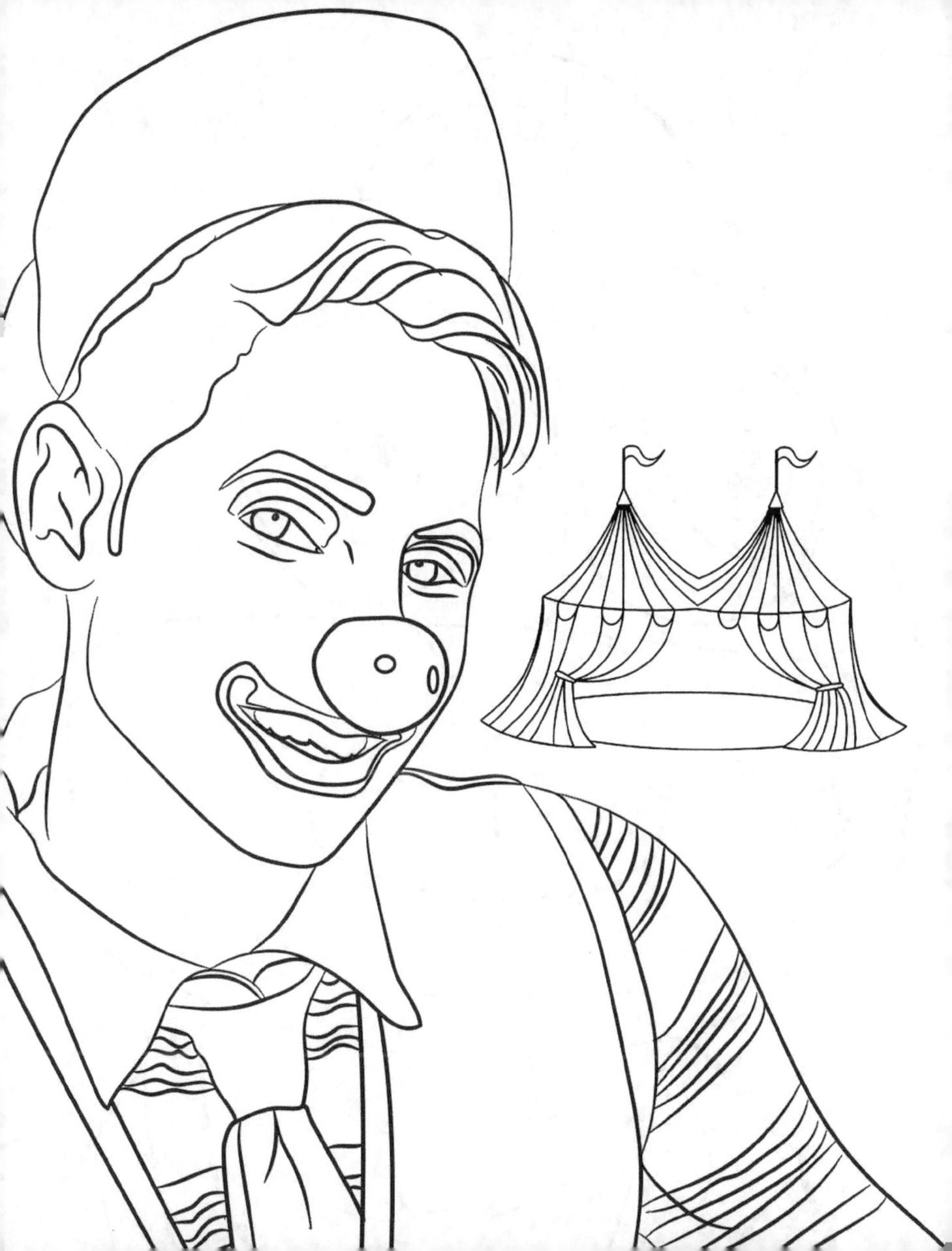

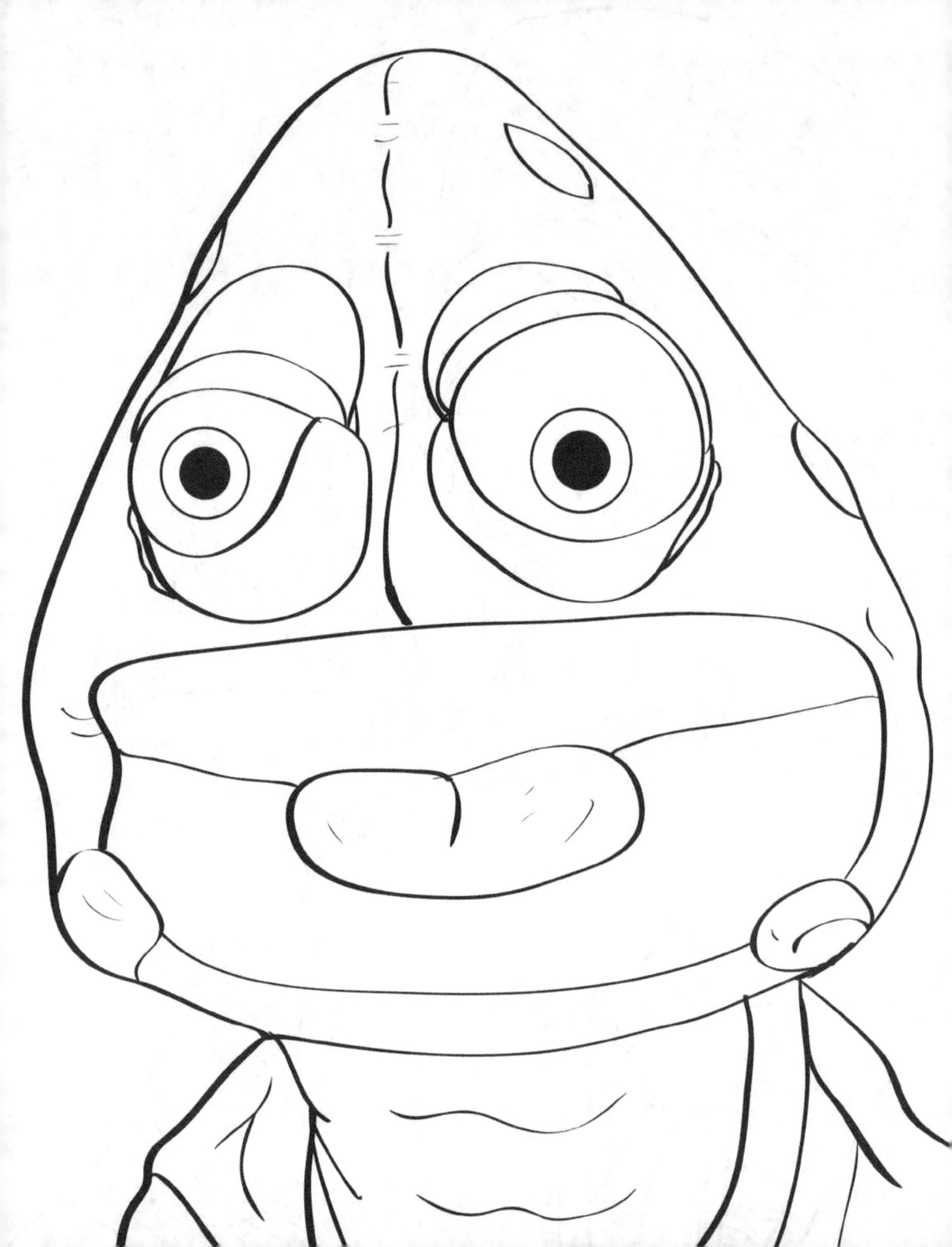

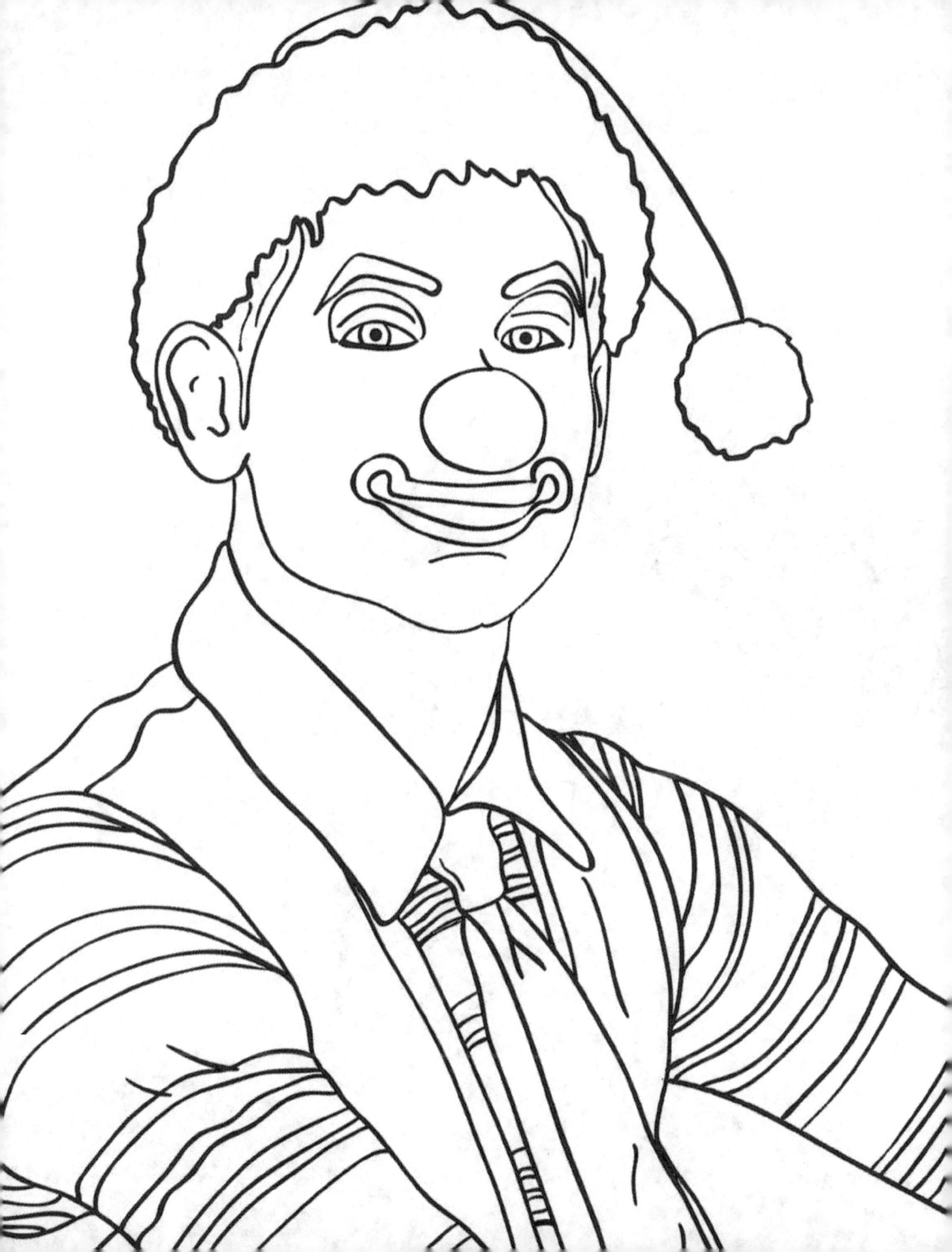

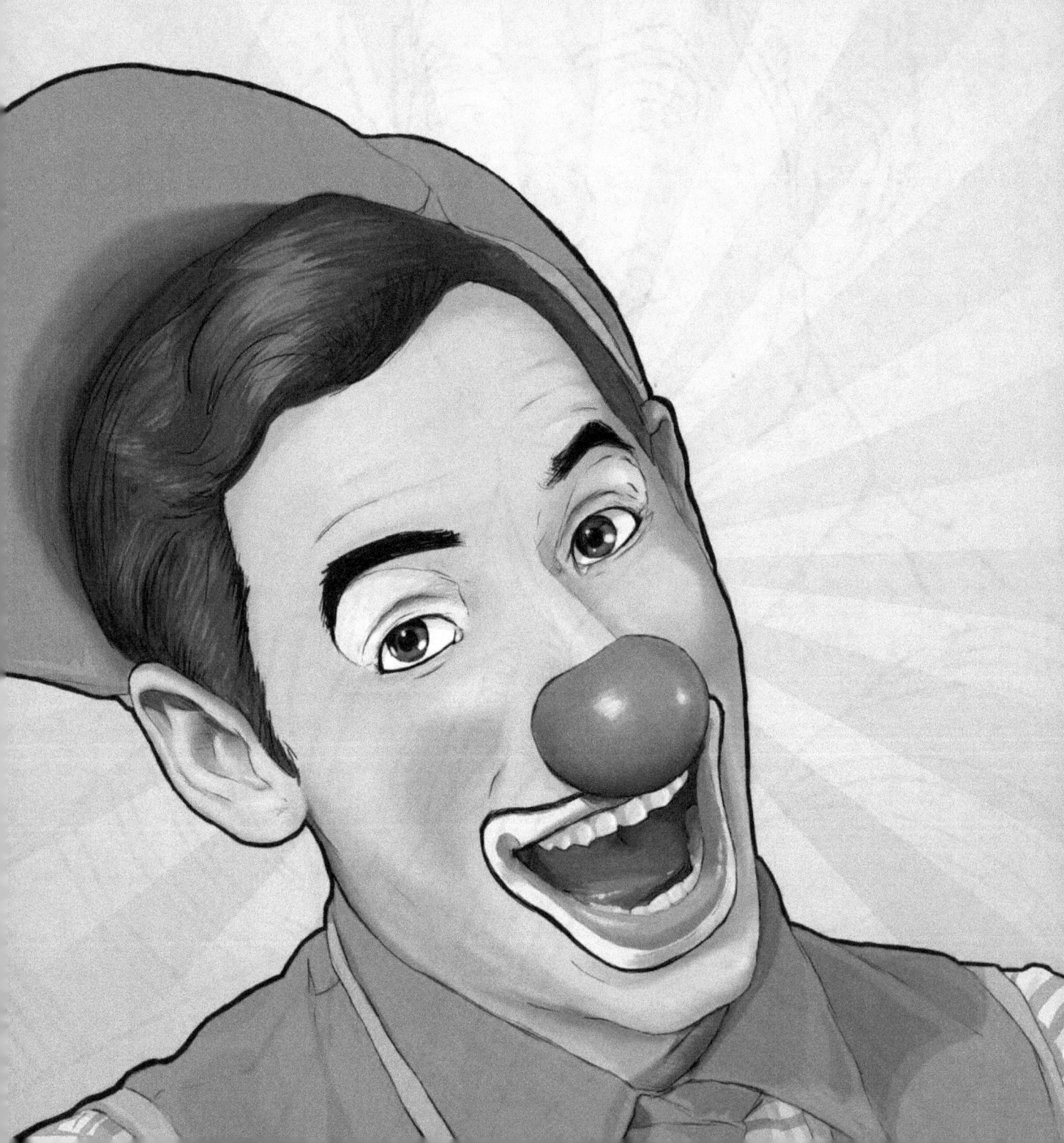